お味噌から塩を抜きました！

発酵そみファで簡単美味料理

全72種

全農ビジネスサポート・編

日刊現代／講談社

はじめに

味噌を使った料理といったら、みなさんは何を思い浮かべるでしょうか。
味噌汁、味噌ラーメン、豚汁、サバの味噌煮、味噌かつ　……etc

日本の食文化を語るうえで欠かせない味噌。
味噌の歴史はとても古く、奈良時代にはその名前が登場しています。平安時代には役人の給与や贈答品に使われていた記録もあるそうです。お味噌汁の現在のようなかたちは鎌倉時代に生まれたとか。
お味噌汁は、御御御付（おみおつけ）といって「御」を３つも重ねて感謝するほどありがたいものでした。
　１，０００年以上も食卓で親しまれている優れた発酵食品である味噌。その新しい可能性を求めて生まれたのが、大豆発酵食品「発酵そみファ」です。

「発酵そみファ」は、伝統的な信州味噌の製法をベースに、国産の大豆と国産の米から作られた麹をあわせ、味噌には必須の塩をまったく使わずに醸造されています。大豆のうま味と麹の甘みがありながら、塩味が一切なく、素材の味を損なわずにお料理のコクを増すことができます。和洋中のジャンルはもとより、スイーツなどさまざまな食材にあわせることができるという無限の可能性があります。

本書ではその可能性をわかりやすく感じていただけるよう、食のプロフェッショナルの方々にお力を貸していただきました。

インスタグラムのフォロワー数が１００万人以上（２０２４年2月現在）のもあいかすみ氏、江戸時代から続く創業２８７年の老舗出汁専門店「八木長本店」の九代目当主である西山麻実子社長、ラーメン業界でその名を知られる「らぁ麺やまぐち」の店主である山口裕史氏、飲食トレンドリサーチャーの山口えりこ氏といった錚々《そうそう》たる面々です。

読者の皆様が本書を通じて、四季のバラエティ豊かな日本の食材のひとつとして、また不思議な調味料として、「発酵そみファ」をお楽しみいただけたなら幸いです。

和食に欠かせない味噌汁。
「発酵そみファ」で美味しく、
そして「減塩」を！

「発酵そみファ」の不思議な美味しさ

「発酵そみファ」を初めて口にすると、多くの人は怪訝《けげん》な顔をしました。見た目も香りも味噌なのに味噌の味がしないからです。懐かしいうま味や甘みには気が付いてくれるのに、食品の名前が思い浮かばないのです。

食べた人に聞いてみると、「いままで食べたことのない、美味しくて新鮮な味」、「いくつものうま味があるような気がするけれど、なんだろう？」

「糠《ぬか》」「酒粕《さけかす》」「麹《こうじ》」「きなこ」から、はては「おから」まで名前が出てきますが、正解を導き出せる人はほとんどいませんでした。

そして、答えが「塩の入っていない味噌」だと知ると、多くの人はまるで「きつねにつままれたような」顔になります。

しかし、これも無理からぬこと。なぜならば、誰も塩の入っていない味噌などこれまで食べたことがないからです。

つまり、「発酵そみファ」は味覚の未体験ゾーンに人々を誘うのです。

この新たな味覚の世界に慣れてくると、次のような感想を口にする人が目立ってきます。
「何に入れてもコクが増して美味しくなる」
「自然なうま味がはっきりわかりますよね」
「かなり減塩しても、コクとうま味で満足感がある」
そんな「発酵そみファ」を美味しく使っていただくポイントがいくつかあります。

〈発酵そみファの魅力〉 その①……「コク」が生まれる

「発酵そみファ」は大豆由来のうま味と米麹由来の甘み、溶かしたときのトロみが、お料理のコクを増して美味しくしてくれます。
あるフレンチのシェフは、こう感想を述べられました。
「まるで『畑の生クリーム』のような味」
また別のシェフには、こう言っていただきました。
「長時間煮詰めてコクを出す料理に『発酵そみファ』を入れると、煮詰める時間を大幅に短縮しても同等のコクが出せる」
一般のお客様からも多くの賛辞をいただきました。

「シチューやカレーのトロみづけに、ルーを追加する代わりに使っています。ルーより健康的で、大豆のまろやかさが入るので、ぜひ使っていただきたいと思います」

「料理に自信のない私でも、味噌汁ほか、いろいろな料理の味に深みはもちろんコクが出ます」

「塩分がないために、料理の仕上げに気軽に足すことができるのでとても便利に使っています」

〈発酵そみファの魅力〉その②……うま味が増す

「うま味がはっきりわかる」「しっかりしている」との感想をいただいたことを紹介しました。

なぜ「発酵そみファ」には、味噌には少ないうま味を感じる人が多いのでしょうか？

その理由として、強い味の一つである塩味がないことに加え、味噌よりも多くのグルタミン酸が含まれていることも理由の一つだと考えています。

「発酵そみファ」に含まれるグルタミン酸の量を調べたところ、一般的な食品成分のデータである日本食品標準成分表の「淡色辛みそ」（信州味噌）の数値を上回っていることがわかりました。

一般的にうま味成分はグルタミン酸、イノシン酸、グアニル酸などの分量によって左右されると考えられています。グルタミン酸は昆布や野菜、チーズ・味噌・醤油などの発酵食品に、イノシン酸は鰹節や肉類・魚類、グアニル酸は乾燥シイタケなどのキノコ類に多く含まれています。

日本料理に欠かせない「一番だし」は昆布のグルタミン酸と鰹節のイノシン酸との相乗効果による美味しさです。

こうしたうま味を持つ食材とあわせていただければ、「発酵そみファ」は相乗効果を発揮してくれます。

〈発酵そみファの魅力〉その③……簡単に減塩できる

多くの人たちにとって、食事は一日の大きな楽しみの一つです。

ですから病気などにより、食事で塩を制限しなくてはならない方にとって、食事が味気なくなってしまうことは最大のお悩みのようです。また料理をお作りになる際には、制限をしなくてはならない方とその他のご家族との食事をどうするのかといったことに、大変悩まれる方が多くなります。そのことは、お客様のコメントからもうかがえます。

このような方々にこそ、これまで紹介してきた「発酵そみファ」は強い味方になります。「発酵そみファ」のコク増し効果やうま味、そして何よりも塩分がないことを生かして、減塩食でも美味しくしていただけるからです。

「塩分を制限しなくては」というところから出発して、「発酵そみファ」を使い慣れたお客様からはこんなお声もいただいています。

「わが家ではすっかりこの味噌（編者註：発酵そみファのこと）で作る味噌汁になれてしまって、外食で出される味噌汁がものすごくしょっぱく感じてしまいます。だしのきかせ方で、この味噌だけでも十分美味しくいただけます。特に具材に塩分がある魚介類の場合は、かえって普通の味噌より美味しく感じます」

こうした声ばかりではなく、多くのお客様から「発酵そみファ」を使うことで普通の味噌よりも美味しく感じられる食材や料理法なども教えていただきました。

本書で紹介しているレシピでは、普通の塩分量のお料理も多くご紹介していますが、

減塩が必要な方は塩分を含む食材や調味料を控えめにして、発酵そみファの量をお好みの量に増やしてお試しください。

以下のページでは、管理栄養士で料理家のもあいかすみさん、『八木長本店』の西山麻実子社長による季節を感じる本格的なお料理や、ミシュランのビブグルマンを6年連続で受賞した山口裕史氏の担々麺、飲食トレンドリサーチャーの山口えりこさんの新鮮な発想によるお料理、私たち全農ビジネスサポートが考案した簡単な食べ方など「美味しいレシピ」をご紹介しています。

ぜひ「発酵そみファ」の魅力をご堪能ください。

「発酵そみファ」で食のバリエーションを広げましょう

「お味噌から塩を抜きました」——画期的大豆発酵食品「発酵そみファ」

大豆発酵食品シリーズについて

発酵そみファ

２０２１年コロナ禍の真っ只中のことです。日本の誇るべき優れた発酵食品である味噌の良さを生かして、塩分を気にせず日々の食生活へもっと使っていけるものを目指し、シリーズで最初に生まれたのが「発酵そみファ」です。

「発酵そみファ」は、伝統的な信州味噌の製法をベースにして、国産の大豆と国産の米を使って、塩をまったく使わずに製造されています（保管は要冷蔵）。

大豆由来のうま味と米麹由来の甘みをもっています。品質コントロールのため、アルコールを含んでいますので、アルコールが苦手な方や避けたほうが良い方は、加熱して召し上がっていただくことをおすすめしています。

名前の由来は、味噌の製法から生まれた発酵食品なので「発酵」、それでも味噌とは異なる風味（「酒粕や甘酒に近い風味」とよく言われます）を持っています。食品の定義において塩を使っていないと味噌ではないとされるため、味噌をひっくり返して「そみ」に、英語で発酵を意味するFermentation（ファーメンテーション）の「Fer（ファ）」を取り、「発酵そみファ」となりました。

フリーズドライ製法でサラサラ！使いやすさが魅力の「発酵そみド」

音符が並ぶような名前になったのには、食べていただく方々の腸内環境も調和してほしいという願いも込められています。（「ミ・ファ・ソ」と不協和音になってしまいましたが）

発酵そみド

先に生まれた「発酵そみファ」には2つの課題が残されていました。

それは①常温保管ができず要冷蔵であること、②品質を安定させるため使用しているアルコールでした。

そこで、フリーズドライ（Freeze Dry：真空凍結乾燥）技術によって粉末にすることで、常温保管が可能になり、水分と同時にアルコールもほとんど感じられなくなりました。そのため、商品名をフリーズドライのDを取って、「発酵そみド」としました。（今度は「ド・ミ・ソの和音」になりました）

海塩そみラ

「発酵そみファ」をお料理に使う場合、お味噌と混ぜて使うことも多いと思います。お味噌汁などを作るときにパックを2つあけるのは手間になるのではないか、塩分の

「3％の塩分」が加わった「海塩そみラ」もキッチンで活躍します

薄いお味噌があれば混ぜる手間が減って手軽になるのではと考えました。

試作の結果、塩分濃度が3％程度のものが調味料として単体で使うには丁度良いという結論になりました。一般的な味噌の塩分濃度は10～12％程度です。製造者である山印醸造株式会社が作っている信州味噌「食べ頃仕込み味噌」（塩分12・0％）と比較して、3％は4分の1です。（保管は要冷蔵）

この味噌に使用している塩は、海のミネラルを含んだ国産の海水塩です。海水の塩分は3・5％程度、3％は海水にも近い数値です。

そこで「海をイメージしたお味噌」として、イメージカラーも水色にして、名前も次のように命名しました。

① 海の塩を使用していることから「海塩」

② シリーズ商品として「そみ」

③ フランス語で海を意味するラメール（La Mer）の「ラ」

この3つを組み合わせて「海塩そみラ」としました。

（今度は、そみドのド・そみファのファ・そみラのラで、3つのシリーズ商品が力を合わせて「ド・ファ・ラの和音」となりました）

発酵食品としての腸内環境の調和だけではなく、人間の身も心も、人間だけではなく微生物も含めた多様な生物の生態系も、生物だけではなく自然の太陽も月も地球も、すべてが美しく調和して和音を奏でてほしい、との願いを込めて・・・・

２０２４年３月　株式会社全農ビジネスサポート

もくじ

EXTRA PART
私なら　そみファ、そみドの魅力をこう引き出す …… 103

大人気のラーメン店、フードコーディネーターが考えた！
山口裕史（「らぁ麺やまぐち」店主）、
山口えりこ（〝発酵そみファ大使〟、飲食トレンドリサーチャー）の提案

PART 1

そみファ そみドの 美味&健康レシピ

シン・大豆発酵食品「加えるだけ」でうま味倍増

全農ビジネスサポート&料理研究家・もあいかすみが提案

発酵そみファでコクうま！　レンジで簡単に

バターチキンカレー

●材料（2 人分）

◎鶏もも肉（唐揚げ用）　300g
◎**発酵そみファ**　100g ～
◎トマトジュース　350ml
◎カレールウ　2 個
◎バター　15g
◎醤油　適量
◎ご飯　適量

●作り方（調理時間 15 分）

① 耐熱ボウルに**発酵そみファ**を入れ、トマトジュースを少しずつ加えて混ぜ、**発酵そみファ**を溶かす。
② 鶏もも肉、カレールウを入れ、ふんわりラップをして 600W のレンジで 10 分加熱する。
③ バターを溶かし、醤油で味を調える。
④ 器にご飯を盛り、③をかける。

そみファのない
カレーなんて、
カレーじゃないと思えてくる

「おかわり」が止まらない

そみファの炊き込みご飯

●材料（3～4人分）
◎米　2合（300g）
◎鮭（甘口）　2切（155g）
◎昆布　1枚（乾燥2g）
◎舞茸　1パック（100g）
◎有塩バター　10g
◎しそ　5枚（2g）
◎白胡麻　小さじ1
A **発酵そみファ**（大さじ2 1/3）
　醤油　大さじ2
　水　適量

●作り方（調理時間60分／作業時間10分）
① 炊飯器に米とAを加えて、2合のメモリまで水を入れる。
② 鮭、昆布、一口大に割いた舞茸をのせ、通常モードで炊く。
③ 炊き上がったら鮭の皮と骨を取り除き、バターを入れ混ぜる。
④ 手でちぎったしそと白胡麻をトッピングする。
美味しく減塩の炊き込みご飯をお試しください!!

料理研究家 もあいかすみ

レストランプロデューサー、飲食トレンドリサーチャー、フードコーディネーターとして多方面で活躍。テレビ・ラジオ・雑誌・Webサイトなどにも多数出演。インスタグラム、Xでも情報を発信。インスタグラムのフォロワーは100万人を超える。

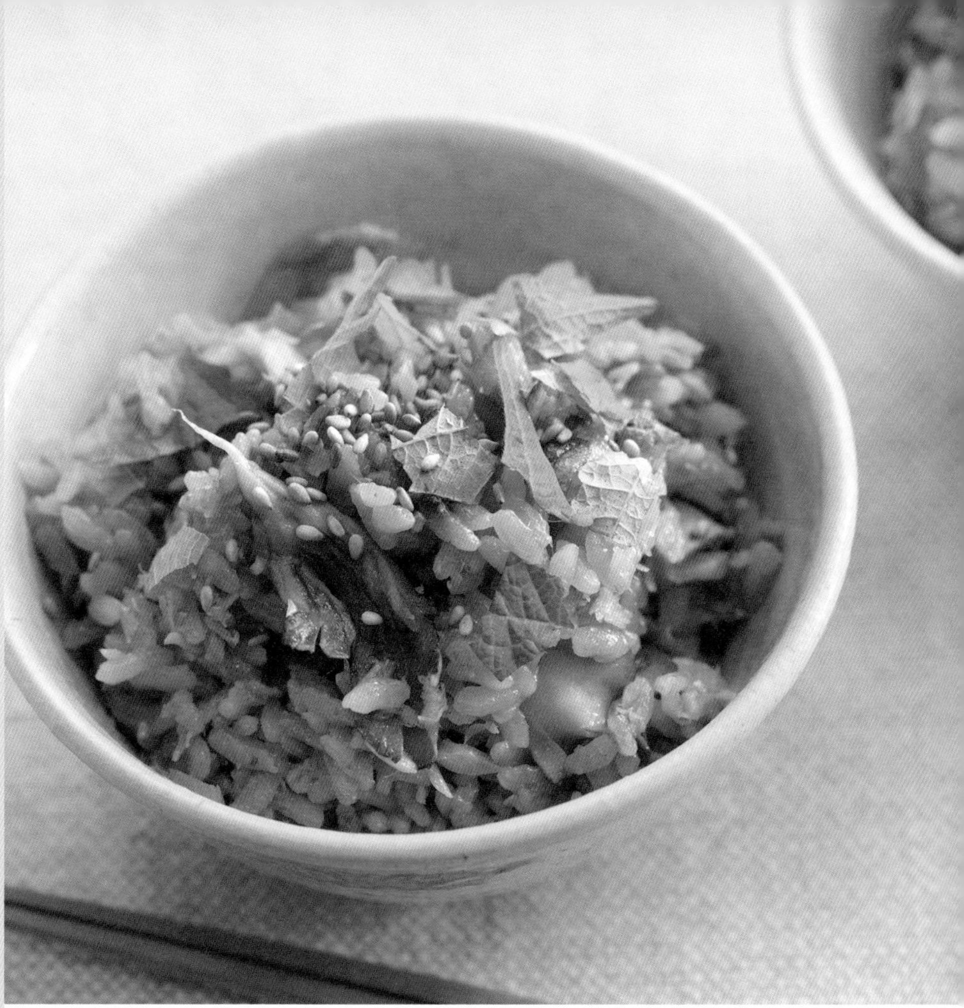

炊きたての
香ばしさが
たまらない

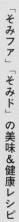

淡白味の素材に濃厚な風味をプラス

ささみフライ そみドハーブスパイス

●材料（2 人分）

◎鶏のささみ　4 本 (240g)

A

塩コショウ　少々

発酵そみド　1/2 袋（3g）

◎卵　1 個

◎小麦粉　大さじ 4

◎パン粉　適量

◎サラダ油　適量（8g）

B

発酵そみド　1/2 袋（3g）

塩　0.5g

オニオンパウダー　少々

ハーブミックス　少々

< 付け合わせ >

きゃべつ（千切り）　お好みで

レモン（くし形切り）　お好みで

●作り方（調理時間 15 分）

① ささみは中央に切り込みを入れ A をふる。B を混ぜてミックスハーブを作る。

② ボウルで卵を溶く。小麦粉を加え混ぜてバッター液を作る。

③ ①をバッター液につけ、パン粉をまぶす。

④ サラダ油を 180℃に熱し、③を 6 ～ 7 分で揚げ、食べやすい大きさに切る。

皿に千切りキャベツとレモンと一緒に盛り付ける。

簡単ひと手間を加えるだけで、
いつものささみが
あっという間にデリシャスに

大豆の香りとやさしい味に心ほっこり

豆腐のそみファ卵とじ

●材料（2 人分）

◎たまご　2 個

◎豆腐　150g

A

発酵そみファ　大さじ 1(18g)

みりん　大さじ1(18g)

醤油　大さじ 1/2(9g)

和風出汁の素　小さじ 1(3g)

水　100cc

片栗粉　小さじ 1(3g)

◎青ねぎ　2 本

●作り方

① 鍋で A を中火で熱して沸かす。

② 豆腐をスプーンですくい①に加える。落とし蓋をして弱火で 3 分煮る。

③ 片栗粉を同量の水で溶き、②に加えてとろみをつける。

溶き卵を流し入れ、一煮立ちして固める。

④ お皿に盛り付け、青ネギをトッピングする。

作り方は簡単だけど、
味わいはとっても深〜い
とろみもたまらない一品

定番肉料理の新バリエーション

そみファンバーグ

●材料（2 人分）

◎玉ねぎ　1/2 個

◎オリーブ油　適量

A 合い挽き肉　200g

発酵そみファ　大さじ 4

牛乳　大さじ 2

パン粉　大さじ 3

塩コショウ　少々

B **発酵そみファ**　大さじ 1

醤油　大さじ 1.5

酒　大さじ 1

みりん　大さじ 1

砂糖　大さじ 1/2

塩こしょう　少々

おろしニンニク　小さじ 1

●作り方（調理時間 30 分 / 作業時間 20 分）

① 玉ねぎをみじん切りにする。フライパンでオリーブ油を熱し、中火で炒め、うっすら色づき始めたら火を止め粗熱をとる。

② ボウルで①と A をこねる。小判型に成形し、中央を凹ませ、表面は滑らかにしておく。

③ フライパンでオリーブ油を中火で熱し、②を 2 ～ 3 分焼く。焼き色がついたらひっくり返し、弱火で 7 ～ 8 分、蓋をして蒸し焼きにする。竹串をさして透明な肉汁が出てきたら、取り出す。

④ フライパンによく混ぜた B を入れ、とろみがつくまで加熱し、ハンバーグにかける。

発酵食品トリオの揃いぶみ

「発酵三種和え」

●材料（2人分）

◎**発酵そみファ**　大さじ3

◎納豆1パック（40g）

◎キムチキムチ 40g

●作り方（調理時間10分）

① キムチは細かく切り、ボウルに入れる。

② ①に**発酵そみファ**、納豆を加え軽く混ぜる。

お箸が止まらない

なすのツナそみファ焼き

●材料（2 人分）

◎なす　2 本

◎黒胡椒　少々

A ツナ缶　1/2 缶（20g）

※油を切る

発酵そみファ　大さじ 2

マヨネーズ　大さじ 1

●作り方（調理時間 15 分）

① なすのヘタを取り、縦に 5mm ～ 1cm 幅に切る。

② A を混ぜて、なすに塗り黒胡椒をかける。

③ 耐熱容器にクッキングシートを敷き、②をツナの面が上になるようにのせ、オーブントースター 1000W（230 度）で 5 分焼く。

ごはんのおかずにも
ビールの友にも
サイコー!

ドレッシングのニュースター

温野菜そみファ増し増しサラダ

●材料（2 人分）

◎**発酵そみファ**　大さじ 3

◎お好みのドレッシング　大さじ 3

◎ブロッコリー　1/8 個（150g）

◎かぶ　2 個（150g）

◎サツマイモ　1/4 本（100g）

◎シイタケ　2 枚（20g）

◎しめじ　1/4 パック（50g）

◎人参　1/4 本（50g）

◎ミニトマト　4 個（40g）

●作り方（調理時間 15 分）

① 野菜はそれぞれ食べやすい一口大に切り、ミニトマト以外の野菜は水を振り、軽くラップをかけ電子レンジで 2 ～ 3 分加熱する。

② **発酵そみファ**とドレッシングをボウルに入れよく混ぜる。

③ 器に①の電子レンジで加熱した野菜とミニトマトを盛り、②をかける。

サッパリした白身魚にベストマッチ

たらのそみファトマト煮

●材料（2 人分）

◎たら（生）　2 切れ（200g）

◎玉ねぎ　1/4 個（60g）

◎トマト　1 個

A **発酵そみファ**　大さじ 4

ケチャップ　大さじ 2

中濃ソース　小さじ 1

水　100cc

◎薄力粉　小さじ 1

◎オリーブ油　大さじ 1/2

◎パセリ　お好みで

●作り方（調理時間 15 分）

① たらに薄力粉をまぶす。玉ねぎは薄切りにする。トマトは 1 センチの角切りにする。A は混ぜておく。

② フライパンでオリーブ油を中火で熱し、たらの両面を焼き、取り出す。

③ ②のフライパンに玉ねぎとトマトを加えて炒める。混ぜておいた A を加えて中火で 2 ～ 3 分煮込む。

④ 煮えたら②のたらを戻して 1 ～ 2 分煮込む。お皿に盛り付けパセリを散らす。

鶏肉との相性バッグン！

えのきだんごのそみファスープ

●材料（2人分）

◎鶏ももひき肉　200g
◎白菜　3枚（150g）
◎えのき　1/2袋（90g）
A **発酵そみファ**　大さじ4
　醤油　小さじ2
　片栗粉　大さじ2
　生姜　1かけ
B 醤油　小さじ2
　だし　600cc
◎**発酵そみファ**　大さじ2
◎七味　お好みで

●作り方（調理時間20分）

① 白菜を一口大に切る。えのきは5mm幅に生姜はみじん切りにし、ひき肉とAを合わせてボールでこね、一口大に丸める。

② Bを合わせてスープを作り、沸騰したら白菜を加え、蓋をして5分煮る。

③ ①の鶏団子を加えてさらに5分煮る。

④ **発酵そみファ**を溶かして、仕上げにお好みで七味を加える。

さっぱりして
やさしい味に
コクをプラス

中華と和の見事な競演

油揚げのニラそみファ餃子

●材料（2人分）
◎油揚げ　2枚
◎豚ひき肉　100g
◎ニラ　7本（50g）
◎白ねぎ　1/4本（30g）
A **発酵そみファ**　大さじ4
　おろしにんにく　小さじ1
　おろし生姜　小さじ1
　胡麻油　大さじ1/2
　醤油　小さじ1
　オイスターソース　小さじ2

◎胡麻油　適量
◎醤油　お好みで
◎酢　お好みで

●作り方（調理時間20分）
① 豚ひき肉と、みじん切りにしたニラと白ねぎ、Aをあわせてこね4等分にする。
② 油揚げを半分に切り、①を詰める。口をつまようじで縫うように閉じる。
③ フライパンで胡麻油を中火で熱し、②を両面焼き目がつくまで焼く。水30ccを加え、蓋をして弱火で10分蒸し焼きにする。

いつもの餃子も好き！
だけど、こんな餃子が
あってもいい

アッサリしていて食べやすい

そみファで変身！
減塩マーボー

●材料（2 人分）
◎**発酵そみファ**　大さじ 4
◎市販の麻婆の素（肉なし）30g
◎豚ひき肉　50g
◎豆腐　200g
◎食用油　小さじ 1
◎長ねぎのみじん切り　大さじ 2
◎小ねぎ　適量

●作り方（調理時間 15 分）
① フライパンで食用油を熱し、豚ひき肉を色が変わるまで炒める。
② ①に**発酵そみファ**、麻婆の素と長ねぎ・豆腐を加えて加熱し出来上がり。
仕上げに小ねぎをトッピングしても。

タンパク質いっぱい！
薄味仕立てでも
ご飯がすすむ

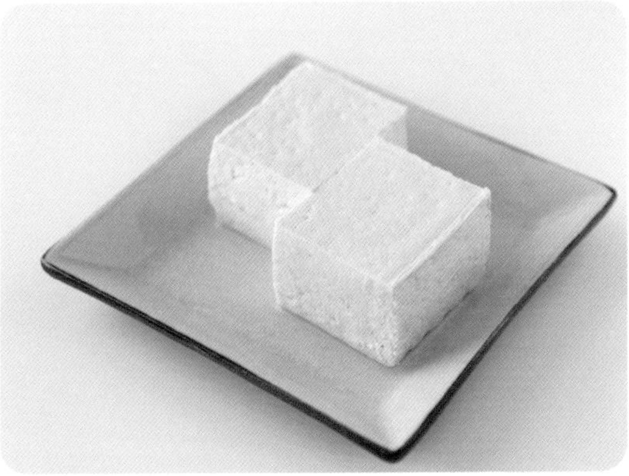

レンジで超カンタン

もやしと豚のそみファ蒸し

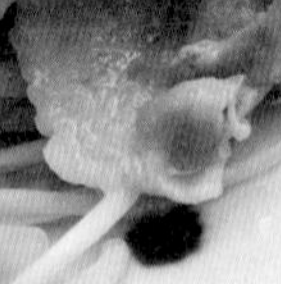

●材料（2 人分）
◎豚バラ肉　200g
◎もやし　1 袋（170g）
◎青ねぎ　適量

A **発酵そみファ**　大さじ 2
　ポン酢　大さじ 2

◎ポン酢　小さじ 2

●作り方（調理時間 15 分）
① 耐熱皿にもやしと豚バラ肉 1/2 の量をのせたら、混ぜた A を 1/2 量塗る。
その上に再び残ったもやしと豚バラ肉を重ね、残った A を塗る。
② ふんわりラップをして、レンジ 600W で 7 分加熱する。
③ 取り出したらラップをしたまま、お皿を傾けて水気を切る。
④ ポン酢と青ねぎをかける。
※ポン酢は加熱で酸味が飛ぶので二回に分けて入れる。

豚肉ともやしに
そみファとポン酢の風味が
ベストマッチ！

いつものお椀がおいしくなった
そみファパワー Miso Soup

●材料（2人分）
◎**発酵そみファ**　小さじ4
◎味噌　小さじ2
◎だし汁　300ml
◎お好みの具材　適宜（大根、わかめなど）

●作り方（調理時間10分）
① 鍋にだし汁、お好みの具材を入れてひと煮立ちしたら火を消し、**発酵そみファ**と味噌を溶き入れて碗に注ぐ。

まろやかさが生まれる

肉キムチそみファうどん

●材料（2 人分）

◎冷凍うどん　2 玉
◎牛肉（切り落とし）　120g
◎キムチ　100g
◎卵黄　2 個
◎青ねぎ　適量（小口切り）
◎白胡麻　少々

A **発酵そみファ**　大さじ 4
　めんつゆ（2 倍濃縮）　大さじ 2
　胡麻油　大さじ 1

●作り方（調理時間 15 分）

① ボウルで A を混ぜ、牛肉も加えて一緒に混ぜる。
② 冷凍うどんの上に、キムチ、①をのせてふんわりラップをしてレンジ 600W で 5 分加熱し、よく混ぜさらに 5 分加熱する。
※お肉に赤いところがある場合は追加で 1 分ずつ加熱する。
③卵黄と青ねぎと白ごまをトッピングする。

「あん」にコクが加わった

そみファいちごぜんざい

●材料（2 人分）

◎**発酵そみファ**　大さじ 2

◎粒あん　150g

◎水　1/2 カップ（100cc）

◎いちご　適量

●作り方（調理時間 10 分）

① **発酵そみファ**と粒あん、水を混ぜ、とろみ加減はお好みで調整する。

② 器に①を盛り、いちごをトッピングする。

甘さに深みが！
これまで知らなかった
「新ぜんざい」誕生

新しいおやつの味
一口そみファスイートポテト

●材料（2 人分 /8 個）
◎さつまいも　1 本（200g）
◎**発酵そみファ**　大さじ 4
◎牛乳　大さじ 3
◎砂糖　大さじ 2
◎有塩バター　20g
◎全卵　1 個

●作り方（調理時間 20 分）
①さつまいもは皮をむいて 1 センチ幅の輪切りにする。耐熱ボウルに入れてふんわりラップをしてレンジ 600W で 5 分加熱する。
②さつまいもが熱いうちにフォークで潰し、砂糖、牛乳、バター、**発酵そみファ**を加えて混ぜ、再びレンジ 600W で 3 分加熱する。
③丸く成形して、全卵を塗ってオーブントースター 1000W（230 度）で 5 分焼く。

ヨーグルトの新しい世界

そみファヨーグルトセーキ ～バナナ味～

●材料（2 人分）

◎**発酵そみファ**　大さじ 3

◎プレーンヨーグルト　50ml

◎牛乳　1/2 カップ（100ml）

◎レモン汁　小さじ 2

◎バナナ　1 本

●作り方（調理時間 10 分）

① バナナは適当な大きさに切り、他の材料と共にミキサーに入れる。

② 滑らかになるまでミキサーで攪拌する。

③ お好みでミントの葉（分量外）をトッピングする。

発酵そみド×お米の使用例

いつものご飯に「発酵そみド」の栄養成分をプラス！
コクとうま味もグーンとアップ。

ご飯に
ふりかけと一緒に！

毎日の味にちょっと変化を！
気がつけば「おかわり」

いつもの卵かけ
ご飯にトッピング！

「ちょっと足すだけ」
和朝食の定番メニューがリッチな
味に早変わり

納豆に混ぜたり、
ふりかけたり！

「発酵＋発酵」で
元気モリモリ！
うま味もコクも大幅アップ

食卓のシン・常備食品
を気軽にトッピング！

PART 2

そみファ そみド

こう使えば食材が活きる！

創業約３００年！「だし」のプロが考えたレシピ

西山麻実子（日本橋「八木長本店」社長）が提案

1

野菜そのものの美味しさを活かす

「ちょっとのそみファ、そみド」で味の世界が広がる

塩分控えめでも、「うすい」と感じない

蕗《ふき》の薹《とう》のそみファ風味

東京・日本橋「八木長本店」社長 西山麻実子

東京日本橋「八木長本店」の9代目当主。1737年（元文2年）伊勢商人だった初代が、徳川八代将軍吉宗の頃に日本橋に創業。最上等の羅臼昆布、鰹節など、日本料理の基礎となる各種出汁の材料の販売を中心に営業。歴史ある有名料亭・割烹をはじめ、多くの顧客にも人気。

●材料（作りやすい分量）

◎蕗の薹　２～３個

◎胡麻油　適量

A **発酵そみファ**　120g（2 袋）

　水飴　大さじ 1

　醬油　大さじ 2

　酒　大さじ 2

●作り方

① 蕗の薹は包丁でみじん切りにする。

② 小鍋に胡麻油を熱して①を炒める。

③ あらかじめ混ぜ合わせておいた A を②に入れる

④ 弱火で約 2 分間練り混ぜながらアルコール分をとばす。

⑤ 火を止めよく練る。ねっとりしてきたら出来上がり。

「春の恵み」を
発酵そみファで仕立てる！
香りタップリの味噌風味で、
野菜のおいしさを実感！

ご飯にもパンにも合うやさしい味

ロール春キャベツの和風スープ煮

●材料（4 人分）

◎春キャベツの葉を 8 枚
◎牛ひき肉　200g
◎切り干し大根　20g
◎玉ねぎ　1 個
◎パン粉　大さじ 2
◎ナツメグ　少々
◎**発酵そみド**　10g
◎塩　少々
◎椀だし（「八木長」製）
　または市販の白だし　大さじ 3
◎水　1000cc

●作り方

① 春キャベツは水洗いし、2 分ほど熱湯でゆでる。
② ①の芯のかたい部分を取り除いておく。
③ 切り干し大根は水（分量外）に入れて戻してしぼる。
④ 玉ねぎ、切り干し大根をみじん切りに。
⑤ ④と牛ひき肉、パン粉とよく混ぜ合わせる。
⑥ ⑤に**発酵そみド**、塩、ナツメグを加える。
⑦ ⑥を俵形に整え、②のキャベツで包み、爪楊枝でとめる
⑧ 椀だし（もしくは市販の白だしを水で割り、火にかける。
⑨ ⑧が沸騰してきたら⑦を入れ、蓋をして中火で 30 分ほど煮る
⑩ ⑨に串を刺して、具に火が通ったら出来上がり

「春の恵み」をそみドで仕立てる！
香りタップリの味噌風味で、
野菜の美味しさを実感！

そみファのマヨネーズ風ソースが新鮮！

コク増しポテトサラダ

●材料（4人分）

◎じゃがいも　中２個

◎玉ねぎ　1/4個

◎きゅうり　１本

◎人参　1/4本

◎**発酵そみファ**のマヨネーズ風　大さじ５

◎酢少々

●作り方

① じゃがいもを茹でてつぶす。

② 人参は２ミリ幅の半月切り、玉ねぎはうす切りにして軽く茹でて水気をきる。

③ ①②に酢を入れよく混ぜる。

④ ③が冷めたら、**発酵そみファ**のマヨネーズ風で和えて出来上がり。

＊お好みで、胡椒をかけて。

そみファのマヨネーズ風ソース

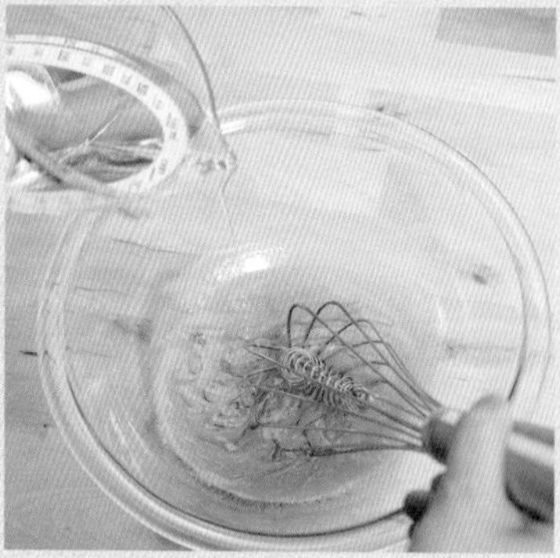

●材料（作りやすい分量）

◎**発酵そみファ**　50g

◎米油　1カップ

◎酢　大さじ3

◎塩　少々

●作り方

① ボウルに**発酵そみファ**を入れて酢とよく合わせる。

② サラダ油を少しずつ加え、ハンドミキサーでとろみが出るまでよく撹拌する。

ひと口食べて感動！
いつもの「ポテサラ」が大変身
そみファの風味がたまらない

砂糖なしなのに、甘さがたっぷり

アスパラガスの胡麻和え

●材料（2 人分）
◎アスパラガス　4～5 本
◎**発酵そみファ**　大さじ 2
◎洗い黒胡麻　大さじ 4
◎醤油　小さじ 2

●作り方
① アスパラガスは茹でて、食べやすい大きさに切っておく。
② 洗い黒胡麻をフライパンでよく煎る。
③ ②をすり鉢でよく擦る。
④ ③に**発酵そみファ**と醤油を入れてよく混ぜる。
⑤ ①を④であえて出来上がり。

旬の夏、冬には、ぜひ味わいたい

しじみのそみファ汁

●材料（4 人分）

◎しじみ　150g

◎水　500cc

◎**発酵そみファ**　大さじ 3

◎醤油　適宜

◎山椒　適宜

●作り方

① しじみはよく洗い、水 600ml 塩大さじ 1(3% の塩水）にひたして 30 分程度おき砂出しをしておく。

② 両手で①の殻をこすり合わせるようにしながら流水でよく洗う。

③ 分量の水にしじみを入れ火にかける。

④ しじみの口が開いてきたら、火を止め**発酵そみファ**を入れる。

＊味見をして、しじみの塩分だけでは足りないようであれば、醤油で味を調える。

　お好みで山椒を好みで振りかける。山椒の新芽があれば、ひとたたきして添える。

旬の野菜のひと味違う楽しみ方

野菜をそみドの和え衣で！

●材料（2人分）

◎アスパラガス　4～5本

◎クレソン　1束

◎春菊　1束

◎黒胡麻　50g

A

発酵そみド　12g（2袋）

醤油　小さじ1

酢　大さじ2

サラダ油　大さじ3

●作り方

① 黒胡麻をフライパンで炒り、すり鉢でしっかりとすり、ボウルに移してAを入れてよく馴染ませて和え衣を作る。

② アスパラガス、クレソン、春菊は硬い部分を除き熱湯でさっと茹でて水気をきり、食べやすい大きさに切る。

③ ②を①に入れてざっくりと和えて器に盛り付ける。

＊軽く茹でたほうれん草などもおすすめ。

そみドと黒胡麻の相性は◎
和風サラダにマッチ
お好みの野菜を美味しく

フランスの家庭料理をアレンジ

桜海老のそみファキッシュ

●材料（2 人分）

◎桜海老　大さじ 1

◎玉ねぎ　1/2 個

◎干しシイタケ　1 枚（水 200cc で戻しておく。もどし汁も使う）。

◎春菊　1/2 束

◎冷凍パィシート　大 1 枚

◎サラダ油　大さじ 1/2

◎塩　少々

◎こしょう　少々

A〈ソース用材料〉

発酵そみファ 25g

卵　1 個

生クリーム　100cc

牛乳　50cc

粉チーズ　大さじ 1

塩　少々

●作り方

① フライパンにサラダ油をひき、みじん切りにした玉ねぎを入れて火にかけ、塩ひとつまみ（分量外）をふる。

② ①に 3 センチ幅に刻んだ春菊、あらみじん切りにしたシイタケを順に加えて炒め、火が入ったら塩・こしょうをふって混ぜる。

③ パイ生地をキッシュ型、もしくはケーキ型に敷き詰める。回りにも貼り付ける。

④ ②に A を混ぜ合わせ、③に流し入れ、桜海老をのせる。

⑤ 180 度に熱しておいたオーブンで約 50 分かけて焼き上げる。

（途中、焼き色が濃くなってきたらアルミホイルをかぶせる）

からだがポカポカ

酒粕そみファ汁

●材料（2人分）

◎ごぼう　5cm、

◎大根　5cm

◎人参　5cm

◎里芋　1個

◎こんにゃく　50g

◎厚揚げ　80g

◎煮干しだし　300cc（81ページ参照）

◎太白ごま油　大さじ2

◎酒粕　大さじ2

◎**発酵そみファ**　35g

◎醤油　適宜

●作り方

①　ごぼうは全体を洗いササガキにする。

② 大根、人参は皮をむいていちょう切りに。里芋は皮をむき輪切りに。

③ こんにゃくは手でちぎって食べやすい大きさに。

④ 厚揚げは油抜きし、食べすい大きさに。

⑤ 鍋にごま油をひき①②を炒める。

⑥ ⑤にこんにゃくを入れ、煮干しだしを入れる。灰汁を丁寧にとる。

⑦ 野菜が煮えたら厚揚げを入れる。

⑧ ひと煮立ちしたら、酒粕と**発酵そみファ**を入れて出来上がり。

お好みで醤油を足して味を整える

「コク」と「さっぱり」の調和

夏野菜の揚げ煮びたし

●材料（4人分）

◎なす1本

◎パプリカ（赤・黄）各1/4個

◎ズッキーニ　1/4本

◎ゴーヤ　1/4本

◎昆布　5g

◎水　1カップ強（250ml）

A

発酵そみド　6g（1袋）

みりん・醤油　各大さじ2

砂糖　小さじ1

●作り方

① 昆布を水に入れ、昆布だしをとる。10時間したら、昆布を取り出す。

② ①とAを鍋に入れて一煮立ちさせてバットに入れて冷ましておく。

③ なすは表面に切り込みを入れて一口大に。パプリカは乱切り、ズッキーニは1センチ幅の輪切り、ゴーヤも1センチ幅の輪切りにしてワタと種を除く。

④ ③を170～180度の油で揚げて油を切り、②に漬け込む。（1時間以上）

たっぷりの九条ねぎとともに

厚揚げだしあんかけ

●材料（2人分）
◎厚揚げ　2枚
◎人参　1/3本
◎九条ねぎ　3本
◎鰹だし　1カップ
◎本くず粉　小さじ1
◎水　大さじ1
A
発酵そみド　6g（1袋）
薄口醤油　少々
塩　少々

●作り方
① 厚揚げはまわりがカリカリ状になるまで焼いて（オーブンで約8分を目安に）器に盛りつけておく。
② 鰹だしをあたため、千切りにした人参を入れ一煮立ちさせる。
③ ②にAを入れる
④ 本くず粉を水でとき、③に入れてとろみが出たら出来上がり。
⑤ ①の上に④をかけ、小口切りに切った九条ねぎをたっぷりのせる。

そみド塩が甘味を引き出す

根菜のかき揚げ

●材料（4 人分）
◎ごぼう　1/2 本
◎ニンジン　1/2 本
◎サツマイモ　1/2 本
◎三つ葉　1/4 束、
◎小麦粉　大さじ 3
◎片栗粉　大さじ 1
◎冷水　大さじ 4
◎小麦粉　大さじ 1
◎**そみド塩**　適量

●作り方
① 小麦粉（大さじ 3）と片栗粉はふるって冷水とともに冷やしておく。
② ごぼうとサツマイモは細切りにして水で洗って水気をしっかりと除く。にんじんも同様に細切りに。三つ葉は 2 センチ幅のざく切りにする。
③ ②をボウルに入れて全体に小麦粉(大さじ 1)をまぶす。
④ 別ボウルに①の粉類と冷水を入れて粉っぽさが少し残る程度にさっくりと混ぜ合わせて衣を作り③を入れて全体に衣がつくまで混ぜ合わせて、170 度の油で狐色になるまで揚げて油を切る。
(大きめのスプーンで形を整えながら油に入れると綺麗に揚がりやすい)
⑤ 器に盛り付けて**そみド塩**をつけていただく。

「そみド塩」の作り方

●材料（作りやすい分量）
◎塩 25g
◎**発酵そみド**　60g（10 袋）

●作り方
① 塩と**発酵そみド**をボウルに入れてよく混ぜる。
② ビンもしくはプラスチック容器に入れて。
＊冷蔵庫に保存する。半年以内に使い切る。

「そみド塩と揚げもの」は
ベストコンビ！
「油っこさが苦手」の人も
美味しさに感動

そみファと味噌の絶妙ハーモニー

賀茂ナス田楽白味噌仕立て

●材料（2 人分）

◎賀茂ナス　2 個
◎胡麻油　大さじ 3
◎蕗の薹　1 個
◎胡麻油　少々

A

白味噌　20g
発酵そみファ　20g
酒　大さじ 2
醤油　大さじ 2

●作り方

① 賀茂ナスはガクを切り落とし、それぞれを半分に切る。

② フォークで穴をあけた①を、水に 10 分間つける。（賀茂ナスは、フォークで少し穴をけると火が通りやすい）

③ フライパンに胡麻油大さじ 2 を入れて中火にかけ、水気をふいた②を並べる。上から残りの胡麻油をかけてふたをし、中火で片面を 15 分焦がさないように焼く。

④ 焼き色がついたら裏返し、ふたをして 7 ～ 8 分間、ナスが柔らかくなるまで火を通す。

〈田楽味噌の作り方〉

① 小鍋で胡麻油を熱し、細かく刻んだ蕗の薹を炒める。

② ①に A を入れてよく混ぜ、弱火にかけて約 2 分間練り混ぜながらアルコール分をとばす。

＊④に田楽味噌をのせて出来上がり

そみドを加えて甘みが際立つ

キャベツが美味しいとん平焼き

●材料（2 人分）
◎キャベツ　150g
◎卵　2 個
◎ベーコン　2 枚、
◎**発酵そみド**　6g（1 袋）
◎油　適量、
◎ソース・マヨネーズ・鰹節・青のり　各適量

●作り方
① キャベツは細切りにする。ベーコンは 7 ミリ幅程度に切る。
② フライパンに油を熱し、ベーコンとキャベツを炒め、**発酵そみド**を入れてざっくりと混ぜ合わせて一度フライパンから出しておき、フライパンをさっと洗う。
③ フライパンで油を熱し、溶きほぐした卵を入れてトロッとしたら②を中心に乗せて巻き、器に盛り付ける。ソース、マヨネーズ、鰹節、青のりを乗せて出来上がり。

2

そみファ、そみドとトマトは相性ピッタリ

さわやかな酸味と甘み！手ごろな食材を満喫する

イタリアンの前菜にそみド風味を

トマトのブリスケッタ

●材料（2 人分）
◎トマト　1/4 個
◎シソ　2 枚
◎玉ねぎ　10g
◎バケット　4 枚（スライス）
◎オリーブ油　大さじ 1
A
レモン汁または穀物酢　大さじ 1
醤油　小さじ 1
発酵そみド　6g（1 袋）

●作り方
① スライスしたバケットは軽くトーストしておく。
② トマトは 8 ミリ角切りに、シソは千切りに、玉ねぎはみじん切りにして水にさらす。
③ ボウルにAを入れてよく混ぜる。トマトと玉ねぎを混ぜる。
④ ①にオリーブオイルをぬり③をのせる。
⑤ ④にシソをトッピングして出来上がり。

食欲が落ちる夏にぜひ！
火を使わずに簡単にできる
さわやかな一品

暑い夏にぜひお試しを！

自家製トマトソースでそみドガスパチョ

●材料（2人分）
◎トマトソース（写真参照）　200cc
◎冷ご飯　大さじ1
◎セロリみじん切り　大さじ1
◎玉ねぎみじん切り　大さじ1
◎ニンニクみじん切り　少々
◎きゅうり　1本みじん切り
◎**発酵そみド**　6g（1袋）
◎塩　適宜

●作り方
① トマトソースと冷ご飯、野菜をミキサーに入れ、なめらかにする。
② ①に**発酵そみド**を加え、味をみて塩で整える。
③ ②を冷蔵庫で冷やして出来上がり。
④あれば、ピーラーでスライスしたきゅうりをグラスにそえて盛る。

そみド風味が加わって
ひと味違うスパニッシュの
冷製スープが誕生！

基本のトマトソース

●材料（作りやすい分量）
◎完熟トマト　1kg

●作り方
① トマトのヘタをとる。
② ①を手でちぎり、鍋に入れる
③ ②を弱火でコトコト煮る（水は入れない）。
④ ③の全体の量が6割程度になり、トロリとしてきたら、火を止める。
⑤ ザルに④を入れ、皮や種を取り除きながら濾す。
⑥ ⑤を鍋に入れ、好みの濃度に仕上げる。
⑦ 熱湯煮沸したビンに入れ、冷蔵庫で保存。＊早めに使い切る。

生地の風味がとっても新鮮

そみファラビオリ

●材料（2 人分）

A

薄力粉　300g（打ち粉用 50 g 含む）

発酵そみファ　30g

オリーブ油　大さじ 1

塩　ひとつまみ

水　60cc

◎リコッタチーズ　50g

◎ほうれん草　80g

◎バター　10g

◎トマトソース（71 ページ参照）適宜

●作り方

① A をボウルに入れてよく混ぜ合わせ、一つにまとまったら表面がツルッとするまでしっかりとこねてラップに包んで休ませる（1 時間以上）

② ほうれん草は茹でて 5 ミリ幅に刻み、バターで炒め合わせる。

③ 打ち粉をした台で①の生地を 1 ミリ幅程度に伸ばして 4 センチ幅の帯状のものを作り、間隔を開けて②とリコッタチーズを乗せる。蓋を振るようにして生地を乗せて押さえ、カットして縁をフォークで閉じる(写真参照)。（生地が残ったらまとめて同様に伸ばすを繰り返して作る）

④ 塩（熱湯に対して約 1%）を入れた熱湯で③を 4 ～ 5 分ほど茹でて器に盛り付け、トマトソースをかけていただく。

お好みで、**そみド塩**やパセリ、粉チーズをかけて。

卵の代わりにそみファを！
イタリアンと和風の
コラボではじめての美味しさ

そみファマヨネーズ風でデリシャス！

トマトトーストサンド

●材料（2 人分）

◎食パン　8 枚切り 4 枚

◎トマト　2 個

◎**発酵そみファ**マヨネーズ風（52 ページ参照）　大さじ 2

◎マスタード　小さじ 1

●作り方

① **発酵そみファ**マヨネーズ風とマスタードを混ぜる。

② トマトはスライスしてきちんと種を取りキッチンペーパーで簡単に水分を押さえておく。

③ トーストでパンを焼く。カリッとなるくらいに焼き目をつける。

④ ①を③にぬり　②を並べ、もう 1 枚のパンにはさみ、食べやすい大きさに切り分けて出来上がり。

作り立てホットサンドの
美味しさは格別！
ティータイムにはうれしい一品

「鰹だしでパスタを茹でる」がポイント

トマトの鰹だしパスタ

●材料（2 人分）
◎パスタ　160g
◎鰹荒節削り　80g
◎水　1500cc
◎トマトソース　200g（69 ページ参照）
◎**発酵そみド**　6g（1 袋）
◎ピクルス　2 本
◎ニンニク　大さじ 1
◎塩コショウ　少々
◎オリーブ油　大さじ 3
◎ピザ用チーズ　大さじ 2
◎唐辛子　適宜

●作り方
① 鍋に水を入れて沸かし、鰹節を入れ蓋をして火を中火で 3 分ほど煮る。
② 火を止め 3 ～ 4 分そのままにしておき、かつお節から十分にだしが出たらざるで濾す。（鰹節は捨てずに自家製ふりかけなどに利用）
③ みじん切りにしたニンニクをオリーブオイルで炒め、トマトソース、**発酵そみド**、みじん切りにしたピクルス、チーズを入れる。
④ ③にお好みで輪切りにした唐辛子入れる。塩こしょうで味を調える。
⑤ ソース作りと並行して、②のだしを沸騰させパスタを入れる。少し歯ごたえを残して茹であげる。
⑥ ⑤を④に混ぜて出来上り。

そみドのぬか床作り

●材料（2人分）

◎米ぬか　1kg

◎塩　100g

◎水　5カップ

◎日高昆布細切り　20g

◎唐辛子　2～3本

◎**発酵そみド**　6g（1袋）

◎捨て野菜（キャベツの葉など、水気の出やすいもの）適量

●作り方

① 水を40度程度に温め、塩を入れる。

② 容器に入れた米ぬかに少しずつ①を加えていき、よく混ぜる。

③ ②に**発酵そみド**、昆布、輪切りにした唐辛子を入れる。

④ ③を容器にしっかりと詰め、捨て野菜を入れる。

⑤ 2、3日おきに捨て野菜で味見をする。

⑥ 1週間ほどしてから、きゅうり、大根などお好みの野菜に軽く塩をして本漬けにしていきます。

⑦ ⑤を③に混ぜて出来上がり。

3

そみファ、そみドでだしの味が際立つ

これなら、塩分少なめでも「美味しい」を実感

素材のうま味、甘みを味わう

だしを楽しむ冬大根

●材料（4人分）

◎大根　1/2本
◎鰹節　40g
◎水　1ℓ
◎**発酵そみファ**　大さじ2
◎醤油　少々
◎黒すり胡麻　20g
◎焼きのり　1/4（全形）
◎山椒の実

●作り方

① 鍋に分量の水を沸かし　かつお節を入れ鍋の蓋をして、2分間煮出し火を止める。
② ①をざるで濾し、だしをとる。
③ ②のだしに醤油を入れて味を調え、2.5センチ幅に切って皮をむき、面取りした大根を煮る。
④ 黒すり胡麻と**発酵そみファ**をよく混ぜておく
⑤ 大根が軟らかくなったら、お椀に大根とだしを入れ、④をのせて出来上がり。
お好みで焼きのり、山椒の実をそえる。

舌にもからだにもやさしい
素材の味、だしの味の
上品さに思わずほっこり

塩分控えめでも大満足

煮干しだしでそみファ汁

●材料（2人分）

◎煮干しだし　（下記コラム参照）

◎**発酵そみファ**　20g

◎醤油　小さじ2

◎あおさ　3g

●作り方

① 煮干しだしを鍋に入れてあたためる。

② 醤油と**発酵そみファ**で味を調える。

③ あおさをお椀のなかに入れ、②を注いで出来上がり。

だしの美味しさに感動
シンプル・イズ・ベスト！
和食の奥深さに拍手

煮干しだしのとり方

●材料（2人分）

◎煮干し　30g

◎水　500cc

●作り方

① 煮干しは背割りにして分量の水を注いだ容器に入れて一晩冷蔵庫におく。

② 煮干しを取り出したら煮干しだし完成。（だしがらも別の料理に使用可能です）

オリーブオイルたっぷりで

生シイタケとニンニクのアヒージョそみファ風味

●材料（2人分）
◎生シイタケ　6枚
◎ミニトマト　8個
◎オリーブ油　大さじ8
◎国産ニンニク大粒　1個分
◎バター　20g
◎鷹の爪　適宜
◎**そみド塩（64ページ参照）**
小さじ2
◎大葉　6枚

●作り方
① 生シイタケを4等分に切り分ける。
② ミニトマトはヘタを取る。
③ 小鍋にオリーブオイル、バターを入れ、スライスしたニンニクを炒める。
④ ニンニクが焦げないように注意して香りが出てぐつぐつきたら生シイタケとトマトを入れる。
⑤ 鷹の爪と**そみド塩**を入れる。
⑥ 火を止め、千切りにした大葉を乗せて出来上がり。

素材の美味しさが
完璧にしみ込む！
スペイン料理の定番

新米の美味しさに心から感動

そみド土鍋ご飯

●材料（4人分）
◎新米　2合
◎水　2カップ
◎利尻昆布　10g
◎**発酵そみド**　6g（1袋）

●作り方
① 新米は水を吸いやすいので、炊く直前に洗う。3～4回洗い、土鍋に入れる。
② ①に水を入れ、**発酵そみド**も混ぜ入れる。上に利尻昆布をおく。
③ はじめは強火で炊き、フツフツとしてきたら、中火で1分。あとは弱火で15分焚き上げる。
④ 炊き上がったら火を止める。蓋を開けずに15分そのまま蒸らす。
＊まずは、そのまま食べて新米と**発酵そみド**の風味を味わう。その後、シンプルな塩むすびなどで召し上がってください。

シイタケを加えて風味アップ

ごぼうのそみファ味噌

●材料（作りやすい分量）

◎ごぼう　60g

◎シイタケ　3 枚

◎鶏ひき肉　100g

◎胡麻油　大さじ 2

A

発酵そみファ　70g

酒　大さじ 2

醤油　大さじ 2

●作り方

① A をあらかじめ混ぜておく（お好みで砂糖を加える）

② フライパンに胡麻油をひき、みじん切りにしたごぼうとシイタケを炒め、最後に鶏ひき肉を入れ、色が変わるまで炒める。

③ ①を②に入れ、弱火で練り合わせて出来上がり。

＊焼いたはんぺん、豆腐などにのせて召し上ってください。土鍋ご飯のおともにも。

甘さと酸味とそみドが完璧マッチ

リンゴと干し柿のクランブル

●材料（作りやすい分量）

◎リンゴ　１個

◎干し柿　３個

◎バター　20g

◎**発酵そみド**　6g（１袋）

◎米粉　60g

◎バター　30g

◎赤砂糖　30g

●作り方

① 米粉をボウルに入れ、軽く溶かしたバターを入れ手で混ぜる。

② ①に赤砂糖を入れ、手でよく混ぜる。

③ ②がポロポロ状になったら冷蔵庫に入れておく。

④ 林檎と干し柿は小口切りにしバターで炒める。

⑤ ④に**発酵そみド**を入れる。

⑥ ⑤を耐熱容器に敷き詰める。

⑦ ⑤のクランブルをポロポロにして⑥に振りかける。

⑧ 180 度にしたオーブンで 15 分ほど焼いて出来上がり。

英国生まれの
オシャレなデザート！
ポロポロ食感がたまらない

そみド塩が香ばしさを引き立てる

ピーナッツの中華風おかゆ

●材料（2 人分）

◎生ピーナッツ　200g

◎**そみド塩**　大さじ 1/2（64 ページ参照）

◎白だし　大さじ 2

◎水　500cc

◎ご飯　300g

◎小ねぎ　適宜

◎胡麻油　適量

●作り方

① ピーナッツを弱火で 15 分ぐらいかけてじっくりと揚げる。出来上がりにソミファ塩（分量中より少々）をかける。

② 鍋に白だしと水を入れ火にかけ、ひと煮立ちしたらご飯を入れてお好みの状態まで煮込んで火を止める。

③ 器に②を盛り付け、①のピーナッツと小口切りにした小ねぎを散らしごま油をたらす。

中華のやさしい一品
そみドがおかゆの甘さと
相性抜群

独特の食感がたまらない

きのこたっぷりのそみファあんかけご飯

●材料（2 人分）
◎干しシイタケ　中 2 枚
◎干し貝柱　20g
◎水　1 1/2 カップ、
A
醤油　大さじ 2
酒　大さじ 2
砂糖　大さじ 1
B
片栗粉　小さじ 2
水　大さじ 1 強
◎お好みのきのこ類（まいたけ、キクラゲ、しめじ等）　約 150g
◎ねぎ　1/2 本
◎ごま油　大さじ 3
◎**発酵そみド**…1 袋（6g）
◎小ねぎ　適宜

●作り方
① 干しシイタケと干し貝柱を水に入れて戻しておく（2 晩くらいがおすすめ）。
② ①の干し椎茸を取り出し、貝柱と戻し汁に A を入れて合わせ調理液を作っておく。B も混ぜ合わせて水溶き片栗粉を作っておく。
③ 取り出した干し椎茸とキノコ類は石づきがあれば除き、食べやすい大きさに切っておく。ネギは斜め薄切りに切っておく。
④ フライパンにごま油を熱してねぎを炒め、香りがしてきたらキノコ類を入れて炒め、少ししんなりとしてきたら合わせておいた調理液とそミドを入れて一煮立ちさせ、4 分ほど煮込む。
水溶き片栗粉で全体にとろみをつける。器にご飯を盛り付けてかけて、お好みで小ネギを散らす。（84 ページの「**そみド**土鍋ご飯」にも合う）

干しシイタケと干し貝柱の
もどし汁には
ぜいたくなうま味がたっぷり

おつまみにも、箸休めにも

長芋の簡単そみファ和え

●材料（2 人分）

◎長芋　10cm ～ 15cm

◎**発酵そみファ**　大さじ 1

◎減塩醤油　大さじ 1

◎鰹節　15g

●作り方

① 長芋は皮をむき、スティック状にする。

② **発酵そみファ**と減塩醤油を混ぜる。

③ ②にかつお節を入れて軽く混ぜる。

④ 長芋を皿に盛りつけ、③をのせる。

ひと味違うそばつゆで！

胡麻そみファだれ茶そば

●材料（2 人分）

◎そばつゆ（つけつゆの濃度に仕上げたもの）　100cc

◎**発酵そみファ**　大さじ 2

◎黒すり胡麻　大さじ 2

◎茶そば（乾燥）　200g

◎青ねぎ　3 本

●作り方

① そばつゆ、**発酵そみファ**、黒すり胡麻を鍋に入れてひと煮立ちさせ、1 分ほど煮てアルコールを飛ばして冷やしておく。

② 茶そばを熱湯で茹でて水気をしっかりと切り、器に盛り付ける。

③ ①を器に盛り付け、小口切りにした青ねぎを添えていただく。

間違いない組み合わせ！

ピーナッツそみファとアイスクリーム

●材料（2 人分）
◎生ピーナッツ　200g
◎サラダオイル　大さじ 1
◎**発酵そみファ**　60g
◎砂糖　20g
◎金ごま　小さじ 1
◎アイスクリーム　適宜

●作り方
① 鍋にサラダオイルを入れ、弱火で 15 分程度生ピーナッツを炒める。
② ①に**発酵そみファ**、砂糖を入れ、飴のようになるまで混ぜ、金ごまを混ぜる。
③ ②の温度が下がったら、アイスクリームに添えて出来上がり。

やさしさたっぷりスイーツ

くるみそみファよもぎ餅

●材料（作りやすい分量）

◎米粉　100g
◎餅粉　100g
◎よもぎ粉　6g
◎水　100cc
◎くるみ　30g（乾燥させて炒ったもの）
◎**発酵そみファ**　120g
◎白すり胡麻　20g
◎三温糖　60g
◎水　50cc

●作り方（よもぎ餅）

① 米粉と餅粉をボウルに入れ、水を加えてよく練り混ぜる。
② ①に少量の水（分量外）で戻したよもぎ粉を入れ、よく混ぜる
③ ②を食べやすい大きさに丸めて、熱湯で15分ほど茹でる。

●作り方（くるみそみファ）

① くるみを乾煎りし、大きいものは手でくだいておく。包丁で細かく刻む。
② 水を入れた鍋に①と**発酵そみファ**、白すり胡麻、三温糖を加えてこがさないように気をつけながら、練り混ぜる。

クリーミーさにビックリ

濃厚チーズケーキ そみファ風味

●材料（1台分）

◎バター　50g

◎プレーンクッキー　100g

A

クリームチーズ　100g

カテージチーズ　100g

小麦粉　大さじ4

生クリーム　200cc

発酵そみファ　50g

砂糖　大さじ4

●作り方

① クッキーをビニール袋に入れ、綿棒で叩いて細かくする。

② ①に常温で柔らかくしたバターをよく混ぜる。

③ ②にAを入れ、ミキサーでよく混ぜる。

④ ③を型に入れて、170度のオーブンで40分焼く。

⑤ 冷蔵庫で冷やして出来上がり。

とにかく簡単！
小麦粉も卵もつかわないのに
こんなに美味しく完成

新しいうま味、甘味のスイーツが誕生

そみファ風味やわらかプリン黒蜜かけ

●材料（4個分）

◎牛乳　300cc

◎生クリーム　100cc

◎卵　2個

◎**発酵そみファ**　20g

◎バター　少々

○黒蜜　大さじ3

●作り方

① 卵をボウルに入れて溶きほぐす。

② 鍋に牛乳と生クリームと**発酵そみファ**を入れて、弱火で熱しながらよく混ぜる。

③ ②が沸騰する手前で火を止める。

④ ①に温めた牛乳と生クリームを何度かに分けて入れる。

⑤ 型にバターを塗り、④を入れる

⑥ 蒸し器に⑤を入れ、茶碗蒸しを作るように弱火で30分程蒸す。

⑦ 出来上がったら冷まして冷蔵庫に入れてさらに冷やす。

⑧ 黒蜜をかけて出来上がり

発酵そみファが加わることで
おなじみのスイーツが
超新鮮な味に変身

新鮮な組み合わせに満足

タラの白子とリンゴのそみドバターソテー

●材料（2人分）

◎タラの白子　200g
◎リンゴ　1個
◎バター　大さじ2
◎小麦粉　大さじ2
◎**発酵そみド**　1袋（6g）
◎**そみド塩**（64ページ参照）　適宜

●作り方

① タラの白子を食べやすい大きさに切り分ける。
② リンゴは芯を抜き　薄切りスライスにする。
③ 小麦粉と**発酵そみド**を混ぜ合わせる。
④ ③を白子にまんべんなくまぶし付ける。
⑤ フライパンにバターを入れ、こがさないように弱火で熱する。
⑥ ⑤に白子を並べ、リンゴも一緒に焼く。
⑦ 裏返して両面が焼けたら皿に盛りつけて出来上がり。お好みでそみド塩をふる。

クリーミーで濃厚な味の
食材に、さわやかな酸味！
旬の冬がおススメ

しょうがを加えて食べやすく

サバのそみファ煮込み

●材料（2人分）
◎サバ　2切れ
A
発酵そみファ　大さじ2
醤油　大さじ2
砂糖　大さじ1
酒　大さじ2
しょうが　20g（薄くスライス）
水　1カップ

●作り方
① 熱湯に酒（分量外）を入れ、サバを湯通しして水気をきる。
② 鍋にAを入れ、煮立ってきたら、①を入れる。
③ サバにしっかりと火が通るように、スプーンなどで汁をかける。
④ サバに火が通ったら、サバを皿に盛る。
⑤ 煮汁をさらに煮詰め、④にかけて出来上がり。
＊しょうがは、酢漬けにしておいた春の新しょうがでも美味しい。

EXTRA PART

私なら そみファ そみドの 魅力をこう引き出す

大人気のラーメン店、フードコーディネーターが考えた！

山口裕史（「らぁ麺やまぐち」店主）、山口えりこ（〝発酵そみファ大使〟、飲食トレンドリサーチャー）の提案

1

行列店「らぁ麺やまぐち」が編み出した極上レシピ

家庭で再現！　こんなに簡単にプロの味を楽しめる

濃厚スープがたまらない！

担々麺

らぁ麺 やまぐち」店主　山口裕史

2013 年 1 月に独立開業店舗「らぁ麺やまぐち」をオープン。同年、TRY 新人大賞を受賞し、ミシュランガイド東京 6 年連続掲載。姉妹店「らぁ麺やまぐち辣式」もミシュランガイド東京 3 年連続掲載。その後も数々の賞を受賞。

●材料（1 人分）
◎中華麺　1 玉
◎肉味噌　50g（作り方は 107 ページ）
（作り方は 107 ページ）
＜タレ＞
◎醤油　大さじ 1.5
◎酢　小さじ 1
＜スープ＞
◎水　1 カップ
◎牛乳　1/2 カップ
◎白ねり胡麻　大さじ 1
◎サラダ油　大さじ 1
（白ねり胡麻は予めサラダ油で溶いておくと扱いやすい）
◎**発酵そみファ**　大さじ 2
◎鶏がらスープの素　小さじ 1
◎砂糖　小さじ 1
◎おろしニンニク　小さじ 1/2
◎ラー油　小さじ 1
◎干し海老　少々

●作り方
① スープの材料を鍋に入れよく溶かしてから火にかけて沸かしておく。
② 丼にタレの材料を入れ、沸かしたスープを丼へ注ぐ。
③ 麺を表示時間茹でお湯を切り丼へ入れる。
④ 肉味噌を中央へ盛り付ける。
⑤ 干し海老を肉味噌の上に盛り付ける。
⑥ 青菜などを盛り付け完成。

本格中華の
深い味とコクを堪能！
食卓の新しい主役の誕生

美味しさ、香ばしさをストレートに味わう

汁なし担々麺

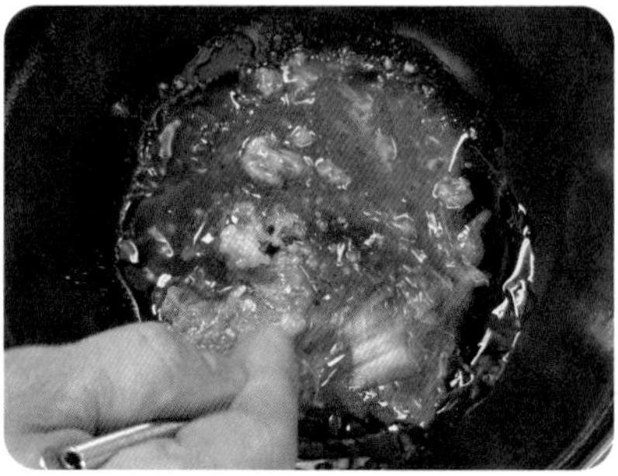

●材料（1人分）

◎中華麺　1玉（太麺がオススメ）

◎肉味噌　50g（作り方は下記コラム参照）

A

発酵そみファ　大さじ2

醤油　小さじ2

おろしニンニク　小さじ1/2

ガラスープの素　小さじ1/2

サラダ油　大さじ1

お湯　大さじ1

◎ラー油　小さじ1～（お好みで）

◎山椒　適量

◎カシューナッツ　5～6粒

◎青ねぎ、かいわれなど　適量

●作り方

① Aを丼へ入れよく混ぜておく。

② 麺を表示時間茹でザルで湯を切り丼へ入れタレとよくからめる。

③ 肉味噌、カシューナッツ、かいわれ、青ねぎ等を盛り付ける。

④ ラー油を回しかけて、山椒をふりかけ完成。

麺にからむタレの味
そみファの風味も
とってもいい感じ

担々麺用肉味噌

●材料（2人分）

◎ひき肉　250g

◎サラダ油　大さじ1/2

A（
味噌（あれば赤味噌）大さじ2
みりん　小さじ2
日本酒　小さじ2
）

●作り方

① Aの調味料を予め混ぜておく

② フライパンにサラダ油を引き、ひき肉を炒める

（ひき肉は油が透明になるまでしっかりと炒める）

③ ひき肉を炒めたら弱火にしAの調味料を加え全体的に混ぜ合わせ火を止め完成（味噌は火を加えすぎると風味が飛ぶので手早く行う）

「発酵そみファ大使」が考案する簡単レシピ

そみファのバリエーションがこんなに広がった

「白いスイーツ」にひと工夫

濃厚白胡麻ファの和風ブランマンジェ風

発酵そみファ大使 山口えりこ

レストランプロデューサー、飲食トレンドリサーチャー、フードコーディネーターとして多方面で活躍。テレビ番組出演も豊富で、「発酵そみファ大使」としても活動中。Instagram や X でも情報を発信する。

●材料 (5個分)

◎粉ゼラチン　20 g

◎水(ゼラチンをふやかす用)　20cc

A

発酵そみファ玉プレーン(112ページ参照)　1玉

牛乳　200 ml

生クリーム　100 ml

白ねり胡麻　10 g

砂糖　15 g

◎そみファクリーム(下記参照)　適量

◎甘納豆　適量

●作り方

① ボウルに水を入れ、粉ゼラチンを振り入れ10分ほどおいてふやかす。

② 鍋にAを入れ、弱火で加熱する。

③ 沸騰直前に火からおろし、①を加える。

④ ①が溶けて、全体になめらかになったら、グラスに注ぎ入れる。

⑤ ④の粗熱が取れたら、ラップをして冷蔵庫で2時間冷やして固める。

⑥ ⑤にそみファクリームをかけ、甘納豆をのせて完成。

定番デザートに新感覚の
風味がプラスされて、
思わずニッコリ

そみファクリーム／ハチミツそみファ

●材料 (3～4人分)

◎**発酵そみファ**

◎ハチミツ

◎生クリーム

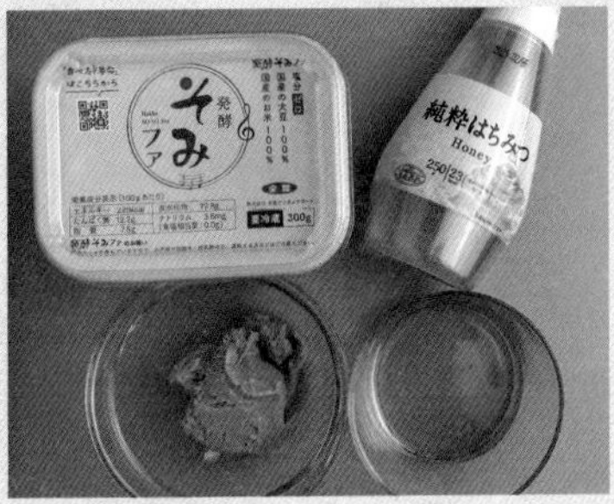

●作り方

発酵そみファをハチミツと1対1の割合でよく混ぜ合わせて「ハチミツそみファ」を作る。生クリームをボールに計りとる。ボールに氷をあてながら生クリームと「ハチミツそみファ」を静かに混ぜ合わせる。角が立ってきたらできあがり。ハチミツそみファの分量はお好みの分量でもOK！そみファクリームはそのままでも、マヨネーズと混ぜても美味しく食べられます。生野菜との相性も抜群です。

やさしい味の味噌汁があっという間に！

発酵そみファ玉プレーン

●材料（5 玉分）

◎**発酵そみファ**　60g

◎味噌　20 g

◎鰹だし（顆粒）　5g

●作り方

（調理時間 30 分 / 作業時間 20 分）

① ボウルに発酵そみファと味噌を入れて混ぜ合わせる。

② 鰹だし（顆粒）を加え、5 等分に丸く整える。

③ ラップやジッパーバッグ、ビンなどに入れて冷蔵庫で保存する。

＊お椀に 1 玉入れてお湯を注げば、**発酵そみファ**の減塩味噌汁の出来上がり。冷蔵庫で 1 週間、冷凍庫で 1 カ月保存可能。

いつでも手軽に発酵食品を！

発酵そみファ玉は、「発酵そみファ」と好きな味噌で具材を丸めた「手作りの即席減塩味噌汁の素」です。そのメリットは主にこちらの 6 つ。1）お湯を注ぐだけで簡単に減塩味噌汁が作れる。2）1 食分ごとに冷蔵、冷凍保存が可能。3)冷凍すれば約 1 ヶ月の長期保存ができる。4)手軽に持ち歩ける。5）手作りなので安心。6）好きな具材で簡単に作れる。余裕があるときに作っておけば、いつでも気軽に発酵食品を食べることができます。

ひと工夫を加えてオリジナルそみファ玉を！

鮭わかめーファ

●作り方
そみファ玉プレーンを市販の混ぜ込みわかめ（鮭）で覆う。お湯を注げばひと味違う味噌汁の出来上がり。

無限♡海のうまMIXファ

●作り方
そみファ玉プレーンを「無限海のうまMIX」（＊1）と乾燥ねぎで覆う。お湯を注げば、磯の香いっぱいの味噌汁の出来上がり。

青ファ

●作り方
そみファ玉プレーンに乾燥あおさで覆う。ボウルにそみファ玉を入れて、あおさを少量ずつ入れながら転がすと無駄なくきれいに仕上がる。

お麩ファ

●作り方
そみファ玉プレーンを一口大に切ったお好みのお麩で覆う。お湯を注いで、ねぎを浮かべれば味噌汁の出来上がり。

白ごまファ

●作り方
そみファ玉プレーンを白ごまで覆う。お湯を注げばひと味違う味噌汁の出来上がり。「青ファ」と同じように、ボウルを使えば無駄なくきれいに仕上がる。

オリジナルそみファ玉も
保存方法は
そみファ玉プレーンと同じです

発酵そみファ冷や汁

●材料（1人分）
◎発酵そみファ玉プレーン
◎ご飯（適量）
◎冷水

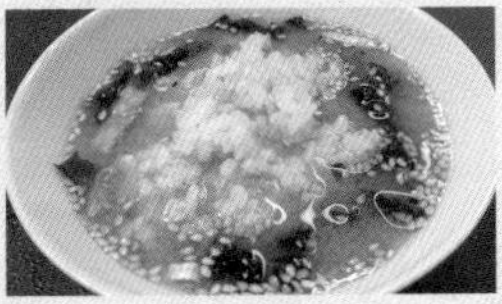

●作り方
大きめの茶碗に冷たいご飯を入れ、そみファ玉プレーンをのせ、冷水をかけるだけ。お好みのそみファ玉でもぜひトライを！夏にぴったりの1品。
▶炊き立てご飯、レンチンご飯と合わせれば、あっという間にそみファチャーハンの出来上り。即席ラーメンにお好みの分量のそみファ玉を入れれば、オリジナル味噌ラーメンにも。

＊1　「日本橋 八木長本店」のオリジナル商品

あとがき

「お味噌から塩を抜いた」食品の誕生

「はじめに」でも述べましたが、コロナ禍の特殊な状況がなければ、「発酵そみファ」はこの世に誕生しませんでした。

新型コロナウイルスが本格的に猛威を振るい始めた２０２０年。感染を最小限に抑えるために在宅勤務を導入した全農ビジネスサポートでは、この期をチャンスと捉え、社員に新規事業の提案を募りました。

その提案の中で一位の金賞を取ったのが、醸造学科卒業の社員による「塩の入っていない味噌」（＊塩が入っていないので味噌とは呼べませんが、便宜上こう記述します）の製造販売だったのです。

「塩が入っていないことで味噌とは異なる商品展開ができるかもしれない」

「塩分が気になる層に大いに訴求する商品になるのではないか」

味噌を超えた食品としての将来性や収益性への期待感を指摘する声が多く、役員会で商品化へ向けてゴーサインが出されました。

背景にあったのは健康ブームに乗じた発酵食品への注目度の高さでした。がんや心不全、脳溢血などの生活習慣病に対して、健康食品としての発酵食品が高い評価を得るようになっていました。しかし、国内の味噌の販売実績は健康ブームとは裏腹に減少傾向をたどっていました。発酵食品人気は高まっていても味噌への注目度はけっして高くはなかったのです。

その最大の理由は「味噌＝塩分」というマイナスイメージでした。

「塩辛い味噌は血圧を高め、心筋梗塞などの生活習慣病を招きやすい」などなど。

しかし「塩の入っていない味噌」であれば、マイナス面をプラスに換え、大きな需要が期待できるのではないかと考えました。

ところが、商品化に向けて大きなハードルがありました。

「塩を入れずに作れるのか？」

ここで力を発揮したのが開発を担った山印醸造株式会社でした。

塩を使用しないで「味噌（?）」を製造する方法のポイントは「完璧な衛生管理」に加え、専門的な技術の蓄積と長い経験や知見、そして発酵食品を育てる優しさでした。同社の技術力と優しさが「発酵そみファ」の誕生を可能にしたのです。

味噌が優秀な健康食品であることは広く知られており、特に人間の生命維持に欠かせない必須アミノ酸が豊富であることは周知の事実です。

そのほかに、多くのビタミンも含まれ、ナトリウム、カルシウム、マグネシウム、亜鉛といったミネラルも豊富です。味噌はまさに丸ごと健康食といっても過言ではないくらい高い栄養素を有しているのですが、「発酵そみファ」にはさらに「無塩」という大きな特徴が付加されています。

伝統的な発酵食品である味噌から出発し、味噌の範疇《はんちゅう》を超えて、その可能性を広げるために誕生した「発酵そみファ」に加え、それを粉末にした「発酵そみド」、塩分が気になる方にも安心して味噌を楽しんでいただくため一般的な信州味噌の４分の１まで減塩した新製品「海塩そみラ」も登場し、幅広くお客様のニーズにこたえられるラインナップが揃いました。

本書をきっかけに、美味しく手軽で、美容と健康への効果も期待できる「発酵そみファ」「発酵そみド」そして「海塩そみラ」シリーズに、これまで以上のご愛顧を頂戴できれば幸いです。

２０２４年３月　　株式会社全農ビジネスサポート

発酵そみファ 公式サイト

https://www.z-bs.co.jp/somifer/

＊「発酵そみファ」「海塩そみラ」の保管は要冷蔵です。

＊「発酵そみド」を「発酵そみファ」の代わりにご使用になる際は、「そみド」小袋1包を「そみファ大さじ」1杯強程度と考えてお使いください。

（株）全農ビジネスサポート

JA全農のグループ企業として、情報システム開発、広告宣伝、損害保険、不動産管理等を行う総合サービス会社。2021年に新規事業として、日本の伝統食品の新しい可能性を提案するため、塩分ゼロの大豆発酵食品「発酵そみファ」の開発・販売を開始。2022年にフリーズドライ商品の「発酵そみド」、2024年に減塩味噌「海塩そみラ」を発売。

https://www.z-bs.co.jp/somifer/

発酵《はっこう》そみファで
簡単《かんたん》美《び》味《み》料理《りょうり》全《ぜん》72種《しゅ》

2024年3月31日　第1刷発行

編者　株式会社全農《かぶしきがいしゃぜんのう》ビジネスサポート

発行者　寺田俊治

発行所　株式会社　日刊現代
東京都中央区新川1-3-17　新川三幸ビル
郵便番号　104-8007
電話　03-5244-9600

発売所　株式会社　講談社
東京都文京区音羽2-12-21
郵便番号　112-8001
電話　03-5395-3606

表紙・本文デザイン　スタジオ・ソラリス

校正　川井一夫

DTP　株式会社キャップス

印刷所／製本所　中央精版印刷株式会社

ISBN 978- 4-06-535496-4